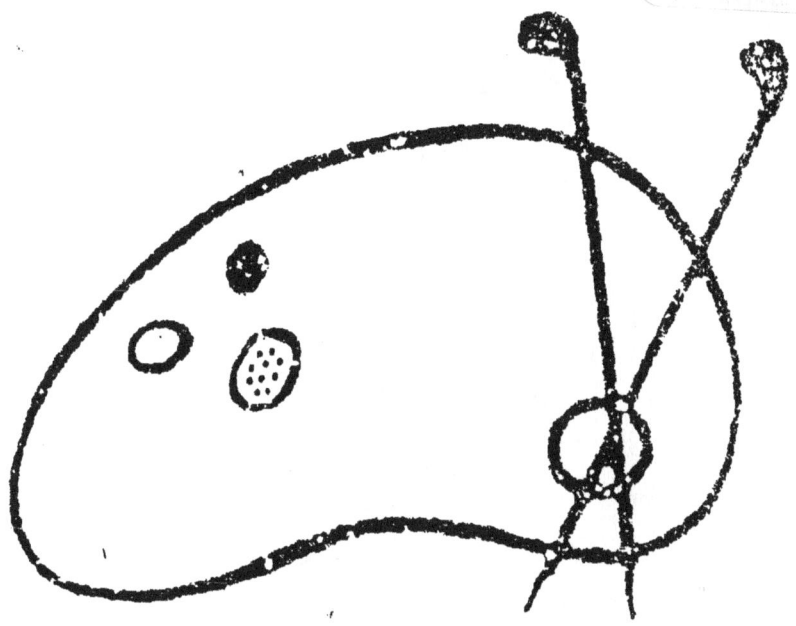

Couvertures supérieure et inférieure
en couleur

Pien costume

8 Y 2

19108

RIQUET A LA HOUPPE

20ᵉ Série

COLLECTION PICARD
BIBLIOTHÈQUE DES TOUT PETITS

Riquet à la Houppe

CONTE

Quatre gravures de G. Ripart

PARIS
Librairie d'Education Nationale
A. PICARD et KAAN, Éditeurs
11, rue Soufflot, 11.

RIQUET A LA HOUPPE

CONTE

—

Il était une fois une reine qui eut un fils si laid et si mal fait, qu'on douta longtemps s'il avait forme humaine. Une fée, assistait à sa naissance, elle assura qu'il aurait beaucoup d'esprit : elle ajouta même qu'il pourrait, en vertu du don qu'elle venait de lui faire, donner autant d'esprit qu'il en aurait à la personne qu'il aimerait le mieux.

Tout cela consola un peu la pauvre reine, affligée d'avoir mis au monde un si vilain marmot. Il est vrai que cet enfant ne commença pas plus tôt à parler qu'il dit mille jolies choses, et qu'il avait dans toutes ses actions je ne sais quoi de si spirituel, qu'on en était charmé. J'oubliais de dire qu'il vint au monde avec une petite houppe de cheveux sur la tête, ce qui fit qu'on le nomma Riquet à la Houppe.

Au bout de sept ou huit ans, la reine d'un royaume voisin devint mère de deux filles. La première qui vint au monde était plus belle que le jour ; la reine en fut si aise qu'elle faillit être malade de joie. La même fée qui avait assisté à la naissance du petit Riquet à la Houppe était présente, et, pour modérer l'allégresse de la reine, elle lui déclara que cette petite princesse n'aurait point d'esprit, et qu'elle serait aussi stupide qu'elle était belle. Cela mortifia beaucoup la reine ; mais elle eut, quelques moments après, un bien plus grand chagrin ; car la seconde fille qui vint au monde

se trouva extrêmement laide.
« Ne vous affligez point tant, madame, lui dit la fée, votre fille sera récompensée d'ailleurs, et elle aura tant d'esprit qu'on ne s'apercevra presque pas qu'il lui manque de la beauté. Dieu le veuille ! répondit la reine ; mais n'y aurait-il point moyen de faire avoir un peu d'esprit à l'aînée, qui est si belle ? — Je ne puis rien pour elle, madame, du côté de l'esprit, lui dit la fée ; mais je puis tout, du côté de la beauté ; et, comme il n'y a rien que je ne veuille faire pour votre

satisfaction, je vais lui donner pour don de pouvoir rendre beau ou belle la personne qui lui plaira. »

A mesure que ces deux princesses devinrent grandes, leurs perfections crurent aussi avec elles, et on ne parlait partout que de la beauté de l'aînée et de l'esprit de la cadette. Il est vrai que leurs défauts augmentèrent beaucoup avec l'âge. La cadette enlaidissait à vue d'œil, et l'aînée devenait plus stupide de jour en jour.

Quoique la beauté soit un grand avantage, la cadette

l'emportait presque toujours sur son aînée, dans toutes les compagnies. D'abord on allait du côté de la plus belle, pour la voir et pour l'admirer ; mais bientôt après on allait à celle qui avait le plus d'esprit, pour lui entendre dire mille choses agréables.

L'aînée, quoique fort stupide, le remarqua ; et elle eût donné sans regret toute sa beauté pour avoir la moitié de l'esprit de sa sœur. La reine ne put s'empêcher de lui reprocher plusieurs fois sa bêtise : ce qui pensa faire mourir de douleur cette pauvre princesse.

Un jour qu'elle s'était retirée dans un bois pour s'y plaindre de son malheur, elle vit venir à elle un petit homme fort laid et fort désagréable, mais vêtu très magnifiquement. C'était le jeune prince Riquet à la Houppe, qui, ayant beaucoup remarqué ses portraits qui couraient par tout le monde, avait quitté le royaume de son père pour avoir le plaisir de la voir et de lui parler. Ravi de la rencontrer ainsi toute seule, il l'aborde avec tout le respect et toute la politesse imaginables. S'étant aperçu, après lui avoir fait ses compliments, qu'elle était fort mélancolique, il lui dit : « Je ne comprends point, madame, comment une personne aussi belle que vous l'êtes peut etre aussi triste que vous le paraissez ; car, quoique je puisse me vanter d'avoir vu une infinité de belles personnes, je puis dire que je n'en ai jamais vu dont la beauté approche de la vôtre. »

« — Cela vous plaît à dire, monsieur, lui répondit la prin-

Riquet à la Houppe aborda la princesse avec toute la politesse imaginable.

cesse, » et elle en demeura là. — « La beauté, reprit Riquet à la Houppe, est un si grand avantage, qu'il doit tenir lieu de tout le reste, et quand on la possède, je ne vois pas qu'il y ait rien qui puisse nous affliger beaucoup. — J'aimerais mieux, dit la princesse, être aussi laide que vous, et avoir de l'esprit que d'avoir de la beauté comme j'en ai, et être bête autant que je le suis. — Il n'y a rien, madame, qui marque davantage qu'on a de l'esprit, que de croire n'en pas avoir, et il est de la nature de ce bien là que plus on en a, plus on croit en manquer. — Je ne sais pas cela, dit la princesse ; mais je sais que je suis fort bête, et c'est de là que vient le chagrin qui me tue. — Si ce n'est que cela, madame, qui vous afflige, je puis aisément mettre fin à votre douleur. — Et comment ferez-vous ? dit la princesse. — J'ai le pouvoir, madame, dit Riquet à la Houppe, de donner de l'esprit autant qu'on en saurait avoir à la personne que je dois aimer le plus ; et comme vous êtes, madame, cette personne, il ne tiendra qu'à vous que vous n'ayez autant d'esprit qu'on peut en avoir, pourvu que vous vouliez bien m'épouser. »

La princesse demeura tout interdite, et ne répondit rien. « Je vois, reprit Riquet à la Houppe, que cette proposition vous fait de la peine, et je ne m'en étonne pas ; mais je vous donne un an tout entier pour vous y résoudre. » La princesse avait si peu d'esprit, et en même temps une si grande envie d'en avoir, qu'elle accepta la proposition qui lui était faite. Elle n'eut pas plus tôt promis à Riquet à la Houppe qu'elle l'épouserait dans un an à pareil jour, qu'elle se sentit tout autre qu'elle n'était auparavant : elle se trouva une facilité incroyable à dire tout ce qu'il lui plaisait, d'une manière fine, aisée et naturelle. Elle commença, dès ce moment, une conversation galante et soutenue avec Riquet à la Houppe, où elle brilla d'une telle force, que Riquet à la Houppe crut lui avoir donné plus d'esprit qu'il ne s'en était réservé pour lui-même.

Quand elle fut retournée au palais, toute la cour ne savait que penser d'un changement si subit et si extraordinaire ; car autant qu'on lui avait entendu dire d'impertinences auparavant, autant l'écoutait-on dire des choses sensées et spirituelles. Toute la cour en eut une joie qui ne se peut imaginer ; il n'y eut que sa cadette qui n'en fut pas bien aise, parce que, n'ayant plus sur son aînée l'avantage de l'esprit, elle ne paraissait plus auprès d'elle qu'une guenon fort désagréable.

Le bruit de ce changement s'étant répandu, tous les jeunes princes des royaumes voisins la demandèrent en mariage ; mais elle n'en trouvait point qui eût assez d'esprit, et elle les écoutait tous, sans s'engager à aucun d'eux. Cependant il en vint un si puissant, si riche, si spirituel, et si bien fait, qu'elle ne put s'empêcher d'avoir de la bonne volonté pour lui. Son père s'en étant aperçu, lui dit qu'il la faisait la maîtresse sur le choix d'un époux. Comme plus on a d'esprit, et plus on a de peine à prendre une ferme résolution sur cette affaire, elle demanda, à son père, qu'il lui donnât du temps pour y penser.

Elle alla par hasard se promener dans le même bois où elle avait trouvé Riquet à la Houppe. Dans le temps qu'elle se promenait, rêvant profondément, elle entendit un bruit sourd sous ses pieds. Ayant prêté l'oreille, elle entendit que l'un disait : « Apporte-moi cette marmite; » l'autre : « Mets du bois dans ce feu. » La terre s'ouvrit dans le même temps, et elle vit sous ses pieds

C'est, madame, pour le prince Riquet à la Houppe.

comme une grande cuisine pleine de cuisiniers, de marmitons et de toutes sortes d'officiers nécessaires pour faire un festin magnifique. Il en sortit une bande de vingt ou trente rôtisseurs, qui allèrent se camper dans une allée du bois, autour d'une table fort longue, et qui tous, la lardoire à la main et la queue de renard sur l'oreille, se mirent à travailler en cadence, au son d'une chanson harmonieuse.

La princesse, étonnée de ce spectacle, leur demanda pour qui ils travaillaient. « C'est, madame, lui répondit le plus apparent de la bande, pour le prince Riquet à la Houppe, dont les noces se feront demain. » La princesse se souvenant tout à coup qu'il y avait un an qu'à pareil jour elle avait promis d'épouser le prince Riquet à la Houppe, pensa tomber de son haut. Ce qui faisait qu'elle ne s'en souvenait pas, c'est que, quand elle fit cette promesse, elle était une bete, et qu'en prenant le nouvel esprit que le prince lui avait donné, elle avait oublié toutes ses sottises.

Elle n'eut pas fait trente pas, en continuant sa promenade, que Riquet à la Houppe se présenta à elle, brave, magnifique, et comme un prince qui va se marier. « Vous me voyez, dit-il, madame, exact à tenir ma parole, et je ne doute point que vous ne veniez ici pour exécuter la vôtre et me rendre, en me donnant la main, le plus heureux de tous les hommes.— Je vous avouerai franchement, répondit la princesse, que je n'ai pas encore pris ma résolution là-dessus, et que je ne crois pas pouvoir jamais la prendre telle que vous la souhaitez. — Vous m'étonnez, madame, lui dit Riquet à la Houppe. — Je le crois, dit la princesse, et assurément, si j'avais affaire à un brutal, à un homme sans esprit, je me trouverais bien embarrassée. Une princesse n'a que sa parole, me dirait-il, et il faut que vous m'épousiez, puisque vous me l'avez promis ; mais comme celui à qui je parle est l'homme du monde qui a le plus d'esprit, je suis sûre qu'il entendra raison. Vous savez que, quand je n'étais qu'une bête, je ne pouvais néanmoins me résoudre à vous épouser ; comment voulez-vous qu'ayant l'esprit que vous m'avez donné, qui me rend encore plus difficile, je prenne aujourd'hui une résolution que je n'ai pu prendre dans ce temps-là ? Si vous pensiez tout de bon à m'épouser, vous avez eu grand tort de m'ôter ma bêtise.

— Si un homme sans esprit, répondit Riquet à la Houppe, serait bien reçu, comme vous venez de me le dire, à vous reprocher votre manque de parole, pourquoi voulez-vous, madame, que je n'en use pas de même, dans une chose où il y va de tout le bonheur de ma vie ? Est-il raisonnable que les personnes qui ont de l'esprit soient d'une pire condition que celles qui n'en ont pas ? Le pouvez-vous prétendre, vous qui en avez tant et qui avez tant souhaité d'en avoir ? Mais venons au fait, s'il vous plaît. A la réserve de ma laideur, y a-t-il quelque chose en moi qui vous déplaise ? Êtes-vous mal contente de ma naissance, de mon esprit, de mon humeur et de mes manières ? — Nullement, répondit la princesse ; j'aime en vous tout ce que vous venez de me dire. — Si cela est ainsi, reprit Riquet à la Houppe, je vais être heureux, puisque vous pouvez me rendre le plus aimable des hommes. — Comment cela se peut-il faire ? lui dit la princesse. — Cela se fera, répondit Riquet à la Houppe, si vous m'aimez assez pour souhaiter que cela soit ; et afin madame que vous n'en doutiez pas, sachez que la même fée qui, au jour de ma naissance, me fit le don de pouvoir rendre spirituelle la

Riquet à la Houppe parût aux yeux de la princesse l'homme du monde le plus beau..

personne qui me plairait, vous a aussi fait le don de pouvoir rendre beau celui que vous aimerez et à qui vous voudrez bien faire cette faveur.

— Si la chose est ainsi, dit la princesse, je souhaite de tout mon cœur que vous deveniez le prince du monde le plus beau et le plus aimable, et je vous en fais le don autant qu'il est en moi. »

La princesse n'eut pas plus tôt prononcé ces paroles, que Riquet à la Houppe parut à ses yeux l'homme du monde le plus beau, le mieux fait et le plus aimable qu'elle eût jamais vu.

La princesse lui promit sur-le-champ de l'épouser, pourvu qu'il en obtînt le consentement du roi son père. Le roi, ayant su que sa fille avait beaucoup d'estime pour Riquet à la Houppe, qu'il connaissait, d'ailleurs, pour un prince très spirituel et très sage, le reçut avec plaisir pour son gendre. Dès le lendemain, les noces furent faites, ainsi que Riquet à la Houppe l'avait prévu, et selon les ordres qu'il en avait donnés longtemps auparavant.

Paris. — Imprimerie A. PICARD et KAAN,
192, rue de Tolbiac. — 199. D. P.

www.ingramcontent.com/pod-product-compliance
Lightning Source LLC
Chambersburg PA
CBHW060550050426
42451CB00011B/1840